AMAURY DE LINIERS.

LETTRE

À M. ANTONIN PROUST

SUR

LES ENSEIGNEMENTS DE L'HISTOIRE.

NIORT

TYPOGRAPHIE DE L. FAVRE.

1870

A Monsieur Antonin PROUST.

Monsieur,

J'aime les situations nettes.

A ce titre, je crois devoir rappeler l'occasion et exposer l'objet de la présente lettre.

Dans une circonstance déjà éloignée — car nous vivons vite, très vite — M. Dufaure a jugé opportun, tout en exaltant les hommes de 1789, de faire le procès à la vieille monarchie.

Je n'ai pu entendre sans émotion l'arrêt porté contre la Royauté par un ancien ministre de la [République, ni voir d'un œil indifférent les considérants de cet arrêt affichés sur les murs de la cité niortaise.

J'ai protesté.

« Après avoir pris connaissance de la lettre qui lui a été publiquement adressée, » M. Dufaure vous a confié, Monsieur, *la défense d'idées qui vous sont également chères,* en même temps que la mission de réfuter *ces attaques dirigées contre l'élan si pur et si national de nos pères de* 1789. (1).

(1) *Lettre de M. Dufaure à M. Antonin Proust,* du 30 décembre 1869.

Et vous avez publié LES ENSEIGNEMENTS DE L'HISTOIRE.

Comme le livre est à mon adresse, je viens y répondre.

Il vous a plu, Monsieur, de quitter brusquement le champ de l'Histoire pour « voyager, » à petites journées, sur le domaine de l'actualité. Je ne déserterai le débat ni sur l'un ni sur l'autre terrain, et pour ne pas encourir le reproche de « brouiller la chronologie, » avant de parler des « hommes de 1869 » j'aborderai la discussion touchant la conduite de « nos pères de 1789. »

Outre qu'un semblable programme embrasse l'ensemble de vos ENSEIGNEMENTS, il me fournira—je l'espère du moins— la meilleure réponse à « l'écho infidèle » qui vous parlait, Monsieur, de « mon profond dédain. »

§

Les hommes de 1789.

Oui ou non, les abus de l'Administration, sous Louis XVI, étaient-ils INTOLÉRABLES ?

Oui ou non, les doléances du Tiers-Etat, et spécialement les doléances du tiers poitevin, glorifié par M. Dufaure, sont-elles frappées au coin de la vérité ?

Oui ou non, les hommes de 1789 ont-ils opposé aux abus, aux *désordres, une mâle indépendance, un bon sens pratique, une fermeté contenue, mais inébranlable ?*

Sur ces trois questions, j'ai répondu : Non.

Vous en concluez, Monsieur, que « j'excuse les abus du régime ancien. »

« L'intolérance » de la logique ne me permet pas d'admettre la rigueur d'une semblable conséquence, non plus que la force de ce raisonnement, égaré sur vos lèvres : « un impôt est trop lourd quand un peuple est impuissant à le supporter et un abus devient intolérable quand il ne peut plus être toléré. »

Pour n'être pas partisans des professeurs-ministres, « les avocats attardés de l'ancien régime » rendent aux *doctrinaires* cette justice qu'ils n'ont point accoutumé de se payer de théories aussi « faciles. » De plus, ces « avocats attardés» se souviennent quelque peu de « certains manuels », rédigés par « les casuistes » de l'Université, et si leur mémoire est exacte, ils estiment y avoir lu que la menue monnaie, aujourd'hui discréditée, de mots jadis réputés méchants, n'avait jamais eu cours dans l'échange des bonnes et solides raisons.

Partant de ce « principe », je constate que vous ne produisez, Monsieur, aucun fait, aucun chiffre à l'appui des ABUS INTOLÉRABLES. La parole ampoulée de Malesherbes et de Turgot vous suffit, et vous trouvez « étrange ma prétention d'opposer leur témoignage à l'opinion de M. Dufaure. »

Veuillez remarquer, Monsieur, que votre méprise seule est « étrange. » M. Dufaure avait parlé des *hontes du favoritisme*; je lui ai répondu : Comment ! Turgot, Malesherbes, des esclaves, des Séides ! eux, les clients, les amis des philosophes ! Voilà mon argument.

Pensez - vous, Monsieur, l'affaiblir par les passages empruntés au *Mémoire* de Malesherbes et à la *Lettre* — un peu vive — de Turgot; ces documents prouvent le zèle de la *répression des désordres* que je suis loin de refuser à ces deux ministres de Louis XVI, car ce zèle vient à l'appui de ma thèse, et il est passé en proverbe avec les deux vers de la chanson qui le consacre :

> Le roi se croyant un abus
> * Ne voudra plus l'être.

A l'endroit des ABUS INTOLÉRABLES, vous êtes prêt, Monsieur, à établir la balance du sang versé ou des exactions commises aux deux époques, « si je le désire. »

— J'entends ce qu'on me dit, et ce qu'on veut me dire. —

Alors vous m'offrez d'ouvrir les portes de la Bastille, de parler des assignations, de supputer la dette du clergé, de rechercher d'où découle 1789, de rapprocher du *maximum* et de « l'épopée sanglante » les pratiques de la monarchie et ses mesures arbitraires.

En attendant le bilan promis, j'inscris à l'*avoir* de la monarchie le jugement que vous portez, Monsieur, sur le rôle des hommes de 1789, après 1789 :

« Il semble dès-lors que tout va s'accomplir de soi-même, et qu'au lendemain de la nuit du 4 août, après que les ordres privilégiés se sont dépouillés de leurs priviléges, les vœux exprimés avec tant d'unité en 1789 vont recevoir leur application. Il n'en est rien. Un seul des *foyers* où s'est élaborée la pensée révolutionnaire *prétend* conduire la Révolution. Qu'est-ce que le Tiers-Etat ? a dit Sieyès. Rien. Que doit-il être? Tout. CETTE FORMULE RÉSUME CE QUI VA SE PASSER. Le Tiers, après avoir reçu la chaleur, la vie, le mouvement des aspirations de tous, après avoir été *fécondé pour être l'émissaire de la pensée commune,* va se trouver au sommet de la nation en présence de son libéralisme étroit. Tout est détruit. Il va tenter de réédifier pièce à pièce une partie de l'édifice. *La nature* a voulu que la sève montât d'en bas ; *son premier soin* — le premier soin, de qui ? de la nature ? — sera de hiérarchiser pour la faire descendre d'en haut ; la liberté du travail ! Il l'étêtera, il la taillera *en quinconces,* « Comment, s'écrie-t-il, une multitude aveugle, qui souvent ne sait ce qu'elle veut, parce que rarement elle sait ce qui lui est bon, comment cette multitude exécuterait d'elle-même une entreprise aussi grande, aussi difficile qu'un système de législation ? » Il a fait, lui, ses humanités ; c'est un bourgeois qui connaît son droit romain et qui PARLE AVEC EMPHASE la langue des tragiques. AYANT D'AILLEURS BIEN MOINS VOULU DIMINUER LE POUVOIR CENTRAL QUE LE CONFISQUER A SON PROFIT, il tente d'édifier une ROYAUTÉ BOURGEOISE sur les ruines du privilége, et c'est sans peine qu'il persuade à la nation que l'autorité doit être concentrée. Par malheur, du jour où il commence à se défier de la liberté, du jour où il veut ENRAYER LA RÉVOLUTION, TOUT DEVIENT DIFFICILE, les obstacles surgissent et le PAYS ENGAGÉ DANS UNE VOIE SANS ISSUE se débat vainement.

« Avec sa LOGIQUE IMPITOYABLE, LA PENSÉE RÉVOLUTIONNAIRE devrait livrer le pouvoir à la libre commune. Un seul privilége ne pouvait demeurer debout, alors que tous les autres s'abaissaient devant le droit commun. Le Tiers-Etat espère cependant AU DÉBUT SE FAIRE COURONNER DANS LA PERSONNE DE LOUIS XVI « revenu à de meilleurs sentiments. » Il met le roi aux arrêts et lui propose d'accepter sa Constitution sous la menace de vingt-six millions d'hommes ; mais, tout en signant la charte, Louis XVI se refuse à l'accepter. Devant cette résistance, les Constitutionnels sont contraints d'abdiquer et ils laissent la place à ceux qu'on a appelés les Girondins.

« On put croire un instant que LA PENSÉE DU XVIIIe SIÈCLE avait retrouvé des interprètes dignes d'elle. L'espoir ne fut pas de longue durée. Le *bourgeoisisme* reprend le dessus et le TIERS-ÉTAT ENTREPREND A NOUVEAU de FABRIQUER UNE SOCIÉTÉ QUI S'ADAPTE A SON GOUVERNEMENT au lieu d'essayer de faire un gouvernement pour les besoins de cette Société. DE LA A la Thébaïde dirigée par quelques trappistes de l'école de SAINT-JUST, IL N'Y A QU'UN PAS. Marat, Danton, Robespierre sont toujours des autoritaires, et de même que les Constitutionnels ont mis Louis XVI au cachot en le déclarant inviolable, de même LES JACOBINS METTENT LA NATION EN TUTELLE, tout en la proclamant libre. C'est toujours cet esprit étroit, mélange de pédantisme et de naïveté ; pour ces hommes, les peuples sont des masses inertes sur lesquelles peuvent être tentées toutes les expériences, et la science du Gouvernement leur apparaît bien plus dans la nécessité de morigéner l'usage des facultés de chacun que dans celle d'en étendre l'exercice. Disciples de l'école de Salerne, ils pensent qu'il faut AFFAIBLIR LE MALADE pour tuer la maladie et ils ne font qu'aggraver la nature du mal. »

J'ai dû, Monsieur, faire à votre livre ce long emprunt, afin d'établir, de votre propre aveu, les points acquis au débat ; les voici :

Le mot de Sieyès résume la conduite du Tiers-Etat.

Cet Ordre a voulu confisquer le pouvoir à son profit, en tentant d'édifier une royauté bourgeoise.

Au début, le Tiers a espéré se faire couronner dans la personne de Louis XVI ; plus tard, sous les Girondins, il a entrepris, à nouveau, de fabriquer une Société qui s'adaptât à son gouvernement, et il a mis, au service de son ambition, les mêmes moyens de contrainte que l'école de Saint-Just.

Je n'en demande pas davantage.

En vain m'objecterez-vous que, si le GRAND MOUVEMENT a mal fini, l'*élan* était pur et national ! je vous répondrai : telle force, tel mouvement. Le Tiers-Etat, dans ses actes, a été mû par l'ambition, et aussi par l'intérêt : ce dernier mobile est-il donc si pur ?

Ah ! je comprends les aspirations folles, téméraires ; les esprits, impatients d'aventures ; les sages, impuissants ; le navire de l'Etat, entraîné loin du port par des mains imprudentes ; les tempêtes, hélas ! et le naufrage ! L'inconnu a ses fascinations comme ses écueils. — Mais Pizarre n'est pas Colomb, ni le lucre, l'amour de la gloire.

Si la Révolution a trompé les ardeurs de l'ambition, elle a satisfait les appétits de la convoitise.

« Sans considérer la couleur du drapeau, je pense, dites-vous, que le meurtre, l'exil et la spoliation sont toujours et en tout état de cause de détestables moyens. »

Toujours et en tout état de cause ! Je suis bien, Monsieur, de votre avis. Aussi ai-je flétri, avec Machiavel, « *ces bases* ORDINAIRES *de la tyrannie.* » (1)

Vous ne paraissez pas l'avoir remarqué.

Je conviens que ma « critique émise plus de six mois après les élections » ne méritait que *la lecture d'un moment.* (2).

Cela ne justifie pas « le procédé d'argumentation » qui consiste à relever des torts imaginaires à la charge de l'adversaire.

Aurais-je agi de la sorte envers *nos pères de bonne race poitevine ?* Je les ai jugés pièces en mains.

(1) *Lettre à M. Dufaure,* p. 11 et 13.
(2) Préface de l'*Esprit des Lois.*

Au demeurant, que défendez-vous, Monsieur, chez les hommes de 1789 ?

Votre GRAND MOUVEMENT est devenu l'*élan* « qui a précédé la convocation des Etats-généraux. »

Toutefois, jusques et y compris la nuit du 4 août, le début de la Révolution, et pour me servir de votre langage figuré, « l'ouverture de l'opéra , » vous semble « irréprochable, » et du lendemain de cette nuit date, pour vous, « le démenti infligé par l'action révolutionnaire à la pensée qui l'avait fait naître. » Et quelle pensée ? La pensée du XVIIIᵉ siècle.

Voltaire, Rousseau, Diderot, Turgot, Malesherbes, que vous accolez à Montesquieu et à Buffon , auraient été, non les initiateurs, mais les porte-voix de cette pensée. Interprètes des désirs populaires, ces « analystes » auraient groupé « les dissidences éparses et formulé les aspirations communes. »

Auraient-ils aussi rédigé les cahiers qui expriment les vœux de la nation avec « tant d'unité ? »

Et ces cahiers les acceptez-vous dans leur ensemble ?

Je dois le croire puisque vous ne stipulez pas de réserves sur « les questions générales, » et que vous m'accusez de « rendre complice des crimes de la Révolution quiconque a trempé dans leur rédaction. »

Evidemment, il y a pour vous une relation directe entre les cahiers et la Révolution. C'est ici, Monsieur, que nous parlons vraiment « deux langues différentes. » Entre les cahiers et la Révolution, il existe, selon moi, le même abîme qu'entre les hommes de 1789 et les principes *dits* de 1789. La Révolution a déchiré les cahiers ; les hommes de 1789 ont renié les principes *dits* de 1789 , » principes introuvables » jusqu'à cette époque, à vous entendre, et qui auraient alors jailli du cœur de la France, comme la Minerve antique du cerveau de Jupiter, par je ne sais quel *élan* mystérieux.

Vous oubliez le beau livre de Mlle de la Lézardière : que si vous citez Mounier, je vous citerai, écartant la réponse peu polie de d'Esprémenil, l'opinion non moins décisive de Mirabeau ; et, au sujet de l'agitateur de Vizille, « je devrai me considérer comme votre très obligé, » si vous me faites voir, dans le passage où « j'invoque l'autorité de Mounier, » autre chose qu'une antithèse qui la récuse.

L'attachement aux principes de 1789 ne saurait, du reste, impliquer l'obligation étroite d'approuver tout ce que renferment certains cahiers.

J'ai usé de cette liberté d'appréciation à l'égard des cahiers du Tiers poitevin. J'ai montré la contradiction entre ses paroles et ses actes, alors qu'il s'adresse au Roi et à son gouvernement ; et je n'ai point tû la franchise de ses aveux quand il s'agit de ses plus secrets désirs : oh ! alors, il dit ce qu'il pense et ce qu'il veut ; seulement ce qu'il pense et ce qu'il dit n'est pas digne d'éloges. Vous déclarez vous-même que dans les cahiers des Trois Ordres il existe « quelques notes discordantes : » j'ai donc pu, avec toute raison, appuyer sur le registre qui correspond au jeu du Tiers poitevin, afin d'accuser, à l'oreille la plus distraite, combien ce jeu détonne dans le concert général.

Vous vous efforcez, Monsieur, de trouver la même dissonance entre ma parole dans le présent et ma parole dans le passé.

Il est de bonne guerre assurément d'*égorger l'adversaire*

avec son propre glaive; (1) encore faut-il plaindre le sort de pauvres articles mutilés, défigurés,

> Et que méconnaîtrait l'œil même de leur père!

En citerai-je un exemple? A la veille du coup d'Etat, je déclarais hautement que le *despotisme était* DÉSORMAIS *impossible en France.* »

Vous supprimez, dans votre analyse, deux petites phrases: L'une incidente: « (le despotisme) *appelé par les timides et par les faibles;* »

L'autre explicative: « *son règne* PASSAGER *heurterait de front nos traditions populaires, et* TÔT OU TARD L'EXPLOSION DU SENTIMENT NATIONAL LE COUCHERAIT DANS LA TOMBE. »

Ces lignes, écrites il y a bientôt dix-neuf ans, prouveraient, à votre avis, que je n'avais alors « ni le coup d'œil juste ni le coup d'œil large, » surtout si on les rapproche du conseil, que je donnais aux Représentants du peuple, de repousser la proposition des questeurs.

On voit bien, Monsieur, que « tout était fait quand vous êtes né à la vie politique: » autrement vous vous rappelleriez que la Gauche, dans l'Assemblée législative, se leva presque entière contre cette malencontreuse proposition. Direz-vous que la Gauche favorisait le coup d'Etat ou qu'elle ne voyait pas l'épée de Saint-Arnaud suspendue sur la tête de sa chère République?

> .... *Quis fallere possit amantem?* » (2)

(1) Suo sibi gladio hunc jugulo.
 (Terentii, *Adelphi*, act. V, sc. 6.)
(2) *Œneïdos*, lib. IV, v. 296.

La Gauche s'écriait : « Nous avons le peuple derrière nous. » (1) En cela elle se trompait.

J'écrivais : « *On ne jette pas le droit par les fenêtres.* » En cela me suis-je trompé, et trompé au point qu'il ne me reste plus qu'à faire « mon examen de conscience ? »

Enfin, preuve manifeste, sinon d'erreur de ma part, à tout le moins de changement dans mes idées : « en ce temps-là je ne redoutais pas *le sort de la femme de Loth!* » Aussi criai-je à mes amis : « *Sans regarder* DERRIÈRE VOUS SODOME QUI BRULE, *marchez d'un pas ferme vers la cité choisie de Dieu.* » (2)

En ce temps-là, nous avions en face de nous de rudes joûteurs qui combattaient avec talent sous le drapeau républicain. Il me semble que rien n'est encore changé de ce côté, et si j'ai retrouvé les mêmes périls, je m'honore de les affronter sous les mêmes armes.

Cela m'amène à parler de nos contemporains.

§

Les hommes de 1869.

Une génération nouvelle talonne les hommes qui ont été mêlés à la politique au moment du coup d'Etat, et, dans quelque vingt ans, les survivants d'entr'eux, surpris de de leur petit nombre, pourront s'appliquer le mot de Tacite :

Quotusquisque reliquus qui rempublicam vidisset ? (3)

(1) Séance du 14 novembre 1851.
(2) *Etoile de l'Ouest,* 2 avril 1850.
(3) Taciti, *Annalium,* lib. I, c. 3.

La République de 1848 et ses discordes civiles

sont déjà reléguées dans la sphère d'un passé lointain. On oublie les malheurs, on évoque l'idée : on condamne la pratique maladroite ou sanglante, on rajeunit la théorie.

Les républicains de nos jours, très habiles et très convaincus — je n'en doute pas — brisent avec l'histoire de la République. Cette forme de gouvernement se serait perdue en France pour avoir suivi — qui le croirait ? — les errements de la Monarchie. Quant à eux, pour éviter une semblable faute, ils ne veulent plus de « l'accord entre la contrainte et la liberté, » chimère poursuivie par tous les pouvoirs « depuis la fin du siècle dernier. » Dans leur pensée, « la liberté ne saurait vivre avec l'outillage de l'arbitraire, » et, s'appropriant la néologie de Proud'hon, moins l'orthographe, ils reprochent aux hommes de la révolution de « n'avoir pas été assez *anarchistes* (2). » D'ailleurs, toute Société « qui progresse » accomplit, avec le temps, une série de métamorphoses inévitables, » et « ces phases d'éclosion » — ver, chysalide, papillon — se supputent aussi sûrement que l'on calcule les termes d'une progression géométrique, car, entre les destinées des peuples et leurs désirs, la « raison est constante. » Que peuvent « les plus touchants regrets » contre une loi mathématique ? Loi fatale dont l'Histoire nous fournit la preuve, et qui s'énonce en ces termes :

« Après l'esclavage, le servage ; après le servage, le

(1) *Æneïdos*, lib. II, v. 5.
(2) Proudon, le « polyglotte, » écrivait an-archie.

— 15 —

privilége ; après le privilége, la tutelle ; et après la tutelle,
la liberté ! »

Et après la liberté ? revenons-nous à l'esclavage, et
sommes-nous ainsi condamnés à *tourner à l'infini sur ce
même cercle de révolutions ?* (1)

On a omis de nous le dire : aussi bien cette question
intéresse spécialement nos petits-neveux ; pour nous, trop
heureux d'être venus au monde en même temps que la
liberté, empruntons à l'aigle la force de son regard pour
fixer le soleil qui se lève (2).

Ce beau système, qui a ses séductions et ses dangers,
pèche simplement par la base. L'esclavage, plaie du monde
païen, ne se rencontre pas à l'origine des Sociétés dont la
famille demeure le prototype. *Plutarque nous dit, dans la
vie de Numa, que du temps de Saturne, il n'y avait ni
maître, ni esclave : dans nos climats, le christianisme a
ramené cet âge* (3). » Voilà, selon nous, la vérité sur
l'esclavage ; nous nous en tenons là-dessus à la parole de
Montesquieu, et nous mettons au compte de l'imagination
les tableaux de fantaisie au sujet du rôle exclusif de la force
dans la formation des Sociétés, soit que ces tableaux soient
dus à un crayon vigoureux : « Tout d'abord, les forts, les
conquérants pillent et tuent, » — soit qu'ils empruntent à la
poésie ses pinceaux :

*Condere cœperunt urbes arcemque locare
Præsidium reges ipsi sibi perfugiumque* (4).

(1) Machiavel, *discours sur Tite-Live,* liv. I, chap. 2.
(2) Cooper, *dernier des Mohicans,* Ch. XXX.
(3) *Esprit des Lois,* liv. XV, ch. 7.
(4) Lucretii, *de naturà rerum,* lib. V, v. 1107 et 1108.

L'Histoire atteste, en outre, l'impuissance des esclaves à briser leurs fers, et l'inutilité des tentatives faites par les peuples asservis pour secouer un joug odieux. Aux uns et aux autres, la perte de la vie civile ou politique semble avoir enlevé, avec l'espérance, l'énergie de la vie morale.

En plantant à demeure sur notre sol les pieux de leurs « *cases de jonc* (1), » les Francs respectèrent chez les Gallo-Romains le bien précieux de la liberté : ils ne le rendirent pas à ceux qui l'avaient perdu, et le nombre de ces derniers était considérable dans les villes et dans les campagnes. Mais les Francs, en vrais Germains (2), ignoraient l'esclavage domestique : ils n'avaient que des serfs, et point d'esclaves. En revanche, le serf, pour être mieux traité, ne comptait pas plus que l'esclave, et la nation franque ne s'est jamais composée que d'hommes libres. Comment le serf, en France, parvint-il à la liberté ? Par l'épée qui la lui avait ravie. Quand les hommes libres eurent été décimés sur les champs de bataille, dans des guerres continuelles et souvent fratricides, l'invasion normande parut. Devant le péril commun, le sentiment de la défense réunit guerriers et serfs ; il y eut une sorte de ligue générale en face de l'étranger. Signalés par leur bravoure, des hommes nouveaux grandirent, aux yeux des masses, du prestige des services rendus. Vinrent les croisades : l'entraînement fut irrésistible et unanime. Puissants et faibles se précipitèrent à la fois sur le chemin de Jérusalem : on souffrit ensemble, et comme depuis longtemps on priait de même, l'affranchissement suivit. Préparé par l'Eglise, il méritait d'être placé sous les auspices de la Croix qui, seule, pouvait l'accomplir.

(1) *Esprit des Lois,* liv. XXX, ch. 12.
(2) Taciti, *de moribus Germanorum,* XXV.

C'est au mouvement religieux, et non à l'insurrection victorieuse, que les villes durent leurs franchises : tout dans la *commune*, jusqu'au nom, relève de la tradition chrétienne ; la *commune*, quoiqu'on en ait dit, ne continue pas le municipe païen ; elle est, avant tout, la *paroisse*.

D'ailleurs, à quelque point de vue qu'on se place, l'Histoire d'un pays sera, toujours et uniquement, l'Histoire des hommes libres habitant ce pays. On doit maudire l'esclavage, on doit plaindre les serfs : il est impossible d'accorder aux « conservés » le moindre rôle politique dans l'Etat au sein duquel ils ont vécu absolument nuls, et cela sous la République comme sous la Monarchie.

En France, dès l'époque la plus reculée, il y eut des hommes libres dans toutes les conditions, et la race conquérante, après avoir pris possession du sol, ouvrit ses rangs aux Gallo-Romains qui, grâce à la communauté de religion, ne tardèrent pas à s'y précipiter en foule. Après l'invasion normande, la fusion étant devenue complète, il n'y eut plus que des Francs.

Nous sommes donc Francs, et, s'il plait à Dieu, nous resterons tels.

Nous avons le droit, Monsieur, de nous enorgueillir de pareils ancêtres, car ils ont porté haut et loin l'honneur de notre nom. Nous avons recueilli, dans leur héritage, le courage du soldat et l'indépendance du citoyen ; et dans leurs traditions, le gouvernement monarchique et le consentement de la nation à la loi : *Lex fit consensu populi et constitutione regis.*

Libre à vous, Monsieur, de croire que dans la tradition nationale il y ait quelque chose à « réviser » ; je pense, au contraire, que cette tradition veut être maintenue.

En dehors des préférences, il s'agit de savoir quelle forme

de gouvernement convient à la nation française, à ses mœurs, à ses idées, à son génie : quatorze siècles ont répondu.

L'erreur politique de la Révolution a été de briser avec notre passé pour jeter la France hors de ses voies naturelles : aussi, après avoir accumulé les ruines, la Révolution n'a-t-elle trouvé que la solitude et le silence de la mort, là où les philosophes lui avaient promis de magnifiques conquêtes.

L'ancien régime détruit, il a fallu édifier « le nouveau. » Les architectes — comme d'usage — n'ont pas manqué à l'œuvre, chacun a échoué dans l'exécution de son plan ; et l'on nous vante *le bon sens pratique de nos pères de* 1789 lorsque, de gaieté de cœur, « *imprudents ou aveugles* » (1), ces disciples de Voltaire et de Rousseau ont fait table rase des institutions nationales ! On évoque les souvenirs de ce temps pour servir d'inspiration au nôtre !

Non, répondez-vous, nous n'avons pas « posé la question en ces termes. »

Voyons ; M. Dufaure vous écrit, Monsieur : « *Si j'étais votre électeur, je ne demanderais pas pour vous d'autres garants que* LES SOUVENIRS QUE VOUS AVEZ ÉVOQUÉS. *Ils révèlent beaucoup de choses sur le temps présent, et* ILS ENSEIGNENT *à l'homme qui aspire à la vie publique* LES DEVOIRS *qu'il contracte envers son pays.* »

Si ces souvenirs enseignent les devoirs envers le pays, évidemment l'homme qui aspire à la vie publique doit en faire son étude pour y conformer sa conduite : qu'ai-je dit autre chose !

Votre « commentaire » des paroles de M. Dufaure me

____

(1) *Lettre à M. Dufaure,* p. 15.

paraît certes des plus autorisés : en quoi détruit-il les conséquences du principe que vous avez énoncé, à savoir que *les souvenirs de 1789 enseignent à l'homme qui aspire à la vie publique les devoirs qu'il contracte envers le pays ?* Je m'embusque derrière votre proposition, et j'attends que vous m'en délogiez.

Vous ne pensez pas sans doute que j'accepte l'analogie qu'il vous convient d'établir entre « les abus du régime personnel en 1869 » et les abus prétendus intolérables « du même régime personnel en 1789. » Les deux gouvernements n'ont rien de semblable par la raison bien simple qu'entre eux il y a la Révolution.

La Révolution qui pèse sur les esprits de notre temps comme un épouvantable cauchemar ! La Révolution dont l'image sanglante — le *spectre rouge* — passe et repasse au fond de la scène politique ! La Révolution, qu'on écarte de la main, dont on ne veut pas, et qui s'impose à la tribune des réunions publiques et jusque dans la presse aux cent voix ?

Triste legs et non moins triste enseignement de 1789 !

Et quand nous ferons toucher au doigt ce qui saute à l'œil, on nous accusera de confondre nos adversaires avec les anarchistes et les démolisseurs ! Quelle est cette justice?

Autant vaudrait nous refuser le droit de voir dans ces anarchistes et ces démolisseurs d'autres hommes que des hommes d'opposition. Le triomphe de leurs doctrines emporterait la société : et si nous n'avons nulle envie de « servir l'opinion dominante » comme nul intérêt « à nous faire bien venir d'elle, » il ne nous est pas permis de nous désintéresser de la défense sociale.

Les armes de la raison, — de beaucoup les meilleures, —

vous paraissent un moyen plus sûr que l'injure pour calmer les bruyants et les excentriques. Mais lorsque ce « bruit et cette excentricité » ne vont à rien moins qu'à renverser la société, l'indignation légitime que provoque la conduite des meneurs très conscients de leurs actes, très intelligents, et dès lors très coupables, ne saurait être confondue avec l'injure ; et parce que l'on flétrira publiquement, ainsi qu'elles le méritent, les doctrines de Babœuf et de Marat, exhumées de l'oubli, on ne commettra point, à nos yeux, « la pire action qui est de stygmatiser les minorités. »

La vérité, pour nous, n'est pas une affaire de majorité ou de minorité, ni le droit une question de force ou de faiblesse ; et nous ne courbons pas plus la tête devant l'image de la force que devant la statue de la liberté.

Voilà pourquoi je ne suis ni *libéral* ni *absolutiste*.

Je ne suis pas libéral ! Trop de partis s'affublent de cette dénomination pour qu'elle puisse me convenir, chacun d'eux voulant la liberté à sa manière : qui avec la République, qui avec l'Empereur, qui avec le comte de Paris. La signification du mot *libéral*, qui change selon les hommes, n'a pas moins varié avec le temps, les libéraux de 1830 ayant professé, je m'en rapporte à vous, Monsieur, de tout autres doctrines que les « libéraux de 1869. »

Je laisse à ces derniers l'illusion de croire que « le progrès ressaisit d'un côté ce qu'il abandonne de l'autre, et le « mérite d'avoir pris de l'économie des peuples une idée plus étendue et plus vraie. » Peut-être, pourrais-je difficilement concilier « le respect absolu des opinions contraires, » respect dont ils sont pénétrés à l'exemple de Stuart Mill, avec le jugement qu'ils portent sur « ceux qui, ayant tout oublié, ont dédaigné de rien apprendre. » J'aime mieux croire, avec M. Saint-Marc-Girardin, qu'ils en sont restés *au portrait de mon voisin* (1).

Je ne suis pas absolutiste !

Le pouvoir absolu, qui ne tient pas à la forme du gouvernement, ouvre un champ trop vaste à la passion ou à l'erreur : pour être sans danger dans son exercice, il suppose une trop haute vertu. Les assemblées souveraines procèdent de la même manière que les despotes, avec moins de pudeur encore, puisque la personne disparaît derrière la majorité. Comment éviter l'écueil de la dictature? Ce problème, redoutable à toutes les époques, sous la République comme sous la Monarchie, a été résolu de façons différentes, selon les temps, les lieux, les peuples. Avec le suffrage universel, il change de face, ou mieux il s'impose de nouveau.

Ainsi pensions-nous, il y a vingt ans, quand nous demandions « l'alliance de la monarchie héréditaire et du vote universel. » Notre voix s'est perdue dans la mêlée des partis, et l'*appel au peuple*, repoussé par les *sages* du moment, a profité au prince-président.

Il ne nous restait plus qu'à pratiquer cette « vertu oisive » que « les libéraux de 1869 » ont dédaignée pour l'action, à coup sûr plus séduisante, et non moins stérile.

Nous avons attendu en silence ; ils ont réclamé bruyamment. S'ils s'attribuent l'honneur du triomphe, nous ne le leur disputerons pas, car en toute chose, dit le proverbe, *il faut considérer la fin.*

(1) *Reponse* au discours de réception à l'Académie de M. d'Haussonville.

Et profitant de l'heure présente, à la manière du poète :

Quem fors dierum cunque dabit, lucro
Appone... (1)

nous prendrons la part qui nous est faite dans le nouveau système politique.

Ce système nous rend, pour le moment, la parole et l'action : il nous convient d'en user. Vous faites de même, Monsieur ; c'est de droit commun.

En dehors des bases constitutionnelles, que ni vous ni moi n'avons posées, il me paraît urgent de rendre à la commune, au canton, au département, l'autonomie que leur a ravie la centralisation révolutionnaire. Les prérogatives du Corps législatif me touchent beaucoup ; les franchises du pays m'intéressent davantage. Il s'en remet à ses députés du vote des lois ; il entend garder pour lui-même la gestion de ses affaires intimes, et si je puis m'exprimer ainsi, des affaires de *sa maison*. Quand il sera le maître chez lui, sa voix sera toujours respectée dans le domaine de la politique générale. Sous le régime censitaire, les Chambres avaient, de fait, la direction de l'esprit public ; les électeurs, gens de loisirs, se passionnaient pour le moindre débat entre leurs élus : un discours de M. Guizot, de M. Thiers, de Lamartine, de M. Odilon-Barrot, de M. Berryer, de M. Dufaure, était un événement dans la France gouvernementale. Avec le suffrage universel, l'instinct pratique des masses domine l'enthousiasme pour le beau langage : ce changement dans les dispositions des électeurs a porté le même échec au gouvernement oligarchique des

(1) Horatii, *Odarum*, lib. I, 9.

Chambres que la rapidité des communications à l'omnipotence de Paris.

Au début du suffrage universel, chaque parti a espéré que le nouveau souverain prononcerait en sa faveur : les déceptions devaient suivre. Les masses, avec la conscience de leur force, prétendent garder le pouvoir dont elles ont pris possession. Pour mon privé compte, je préfère de beaucoup le vote populaire au suffrage restreint. Chez les Francs, les hommes libres avaient plein accès dans le *mall :* remonterions-nous le cours du temps au lieu de le descendre?

Je crois, Monsieur, avoir répondu et à vos ENSEIGNEMENTS, qui, pour moi, ne sont pas les enseignements de l'histoire, et à votre désir touchant mon opinion sur le temps présent.

Permettez-moi, avant de finir, de repousser la théorie d'après laquelle « il ne serait pas toujours facile de séparer les idées des personnes. » La discussion, en ce cas, deviendrait impossible, et si, pour combattre certaines doctrines, on devait encourir le reproche de « gourmander les Académiciens, » la liberté que vous demandez « complète pour tous » cesserait d'exister dans la presse. Dieu merci, l'Académie, moins exigeante, sait user, envers ses contradicteurs, de cette pratique de Montaigne : « *Quand on me contrarie, on esveille mon astention, non pas ma cholère.* » Notre auteur donne la raison de sa conduite à l'égard de l'adversaire : « La cause de la vérité, dit-il, devrait estre la cause commune à l'un et à l'aultre (1). »

Elle l'est assurément dans ce débat, et dès lors, après avoir payé un juste tribut d'hommages au talent de

____

(1) *Les Essais,* liv. III, ch. 8.

M. Dufaure, il ne saurait m'en coûter, Monsieur, de rendre
pleine justice à vos recherches

Doctis, Juppiter! et laboriosis

sur les documents pour servir à l'Histoire de la Révolution.

Veuillez agréer, Monsieur, l'assurance de mes sentiments
les plus distingués.

AMAURY DE LINIERS.